RÉCLAMATION

ADRESSÉE

À MESSIEURS LES MEMBRES

DE

LA CHAMBRE DES DÉPUTÉS,

PAR

LES CRÉANCIERS DE L'ÉTAT,

DES ANNÉES 1809 ET ANTÉRIEURES.

Le Gouvernement veut s'acquitter envers ses créanciers, comme un particulier honnête homme.

(Discours de M. le Baron Louis, Ministre des Finances, Chambre des Députés, session de 1814.)

MESSIEURS,

Grâces au retour de la bonne foi dans notre système de finances, deux grandes vérités sont consacrées aujourd'hui.

La première, que tout mode de libération, sous quelque forme qu'il soit présenté, et de quelque dénomination qu'il soit revêtu, est une banqueroute s'il n'assure pas aux créanciers un paiement *intégral*.

La seconde, que nulle distinction ne doit être faite entre des créances plus ou moins anciennes, et que, s'il devoit en exister, la justice et le droit commun réclameroient en faveur des premières.

Ces deux grands principes, si cruellement méconnus en France pendant vingt-cinq années de troubles et de désordres, peuvent être victorieusement invoqués devant vous.

La loi du 20 mars 1813 en étoit une violation honteuse ; elle portoit, article 7 : « *Tout ce qui » reste dû pour l'exercice 1809, et années anté-» rieures, sera inscrit sur le grand-livre de la » dette publique ; à cet effet, un crédit d'un mil-» lion de rentes est mis à la disposition du Trésor.* »

Une pareille banqueroute n'effrayoit pas un Gouvernement qui croyoit toujours suppléer au crédit par la force ; mais la force lui a manqué et il s'est écroulé.

Un petit nombre seulement de ces créances de 1809 et années antérieures, avoient été liquidées et inscrites, lorsque la révolution qui rappela le petit-fils de Saint-Louis sur le trône de France, vint relever le courage abattu des créanciers de l'État, et leur fit espérer un changement dans le système généra l des finances.

Cet espoir ne fut pas trompé ; M. *le baron* Louis, organe des intentions paternelles de S. M., déclara à votre tribune « *que le Gouvernement* » *vouloit s'acquitter envers ses créanciers comme* » *un particulier honnête homme.* » La loi des finances qu'il vous proposa, fut l'application scrupuleuse de cette noble déclaration.

Dès lors, il ne fut plus question de sacrifier des créances par la seule raison qu'elles étoient plus anciennes ; toutes les dettes de l'état, quelque fût leur date et leur origine, furent comprises dans une seule et même masse, sous le titre général *d'arriéré de* 1813 *et années antérieures* ; et ce fut pour tout cet arriéré, *sans distinction*, que furent adoptés les moyens extraordinaires de libération prescrits par la loi du 23 septembre 1814.

Permettez-nous, Messieurs, de vous rappeler ici quelques articles de cette loi.

Titre 3. *Moyens extraordinaires pour l'acquittement de l'arriéré.*

ARTICLE 21.

« *Les budjets des années* 1809 *et antérieures*,

» 1810, 1811, 1812, 1813, *sont clos au* 1.er. *avril*
» *et réunis sous le titre de* DÉPENSES DE L'ANNÉE 1813
» ET ANTÉRIEURES, *sans distinction de fonds géné-*
» *raux ni spéciaux.* »

ARTICLE 22.

« *Les créances pour dépenses antérieures au*
» 1.er. *avril, seront liquidées et ordonnancées dans*
» *les formes ordinaires.* »

ARTICLE 23.

« *Le Ministre des Finances fera acquitter ces*
» *ordonnances, soit en bons-royaux, soit en ins-*
» *criptions sur le Grand-Livre, au choix des créan-*
» *ciers, etc. etc.* ».

Rien de moins équivoque que ces dispositions ; le titre 3 annonce, d'abord, que le législateur va s'occuper des moyens extraordinaires pour payer l'arriéré.

L'article 21 indique les éléments qui composent cet arriéré ; les créances de 1809 et antérieures y sont nommément comprises.

L'article 22 s'occupe du mode de liquidation ;

L'article 23, du mode de payement. Tout est donc en parfaite harmonie dans cette loi, et par cela seul que les créances de 1809 et années antérieures ont été *nominativement* comprises dans cet arriéré, il est incontestable qu'elles doivent participer au mode de paiement que le législateur a établi pour tout l'arriéré indistinctement.

Cependant, aujourd'hui M. le Comte de Corvetto déroge évidemment aux principes établis par votre loi des finances de 1814, lorsqu'il vous propose de détacher de l'arriéré les créances de 1809 et années antérieures, et de les payer en inscriptions sur le Grand-Livre, sous le prétexte *que la condition de ces créanciers avoit été irrévocablement fixée par la loi du 20 mars 1813.*

Qu'il nous soit permis de vous faire remarquer, Messieurs, que son Excellence tombe en contradiction avec elle-même, puisqu'elle vous dit, dans son rapport sur le Budjet de 1816 : » Les » principes que le Gouvernement doit suivre, » pour faire honneur à une dette qu'il ne peut » payer avec ses revenus ordinaires, sont posés » par la loi du 23 septembre 1814 : ces principes » nous lient, et il ne dépend pas de nous d'adop- » ter une autre règle.

» L'usage qu'on a fait de la consolidation for- » cée, peut trouver son excuse dans la nécessité » des temps ; mais, malgré la difficulté de notre » position actuelle, il nous reste plus de latitude

» et de liberté dans le choix de notre libération ;
» et nos embarras, fussent-ils encore plus grands ,
» il seroit toujours beau , il seroit moral , il seroit
» digne du Roi et de la France, de proclamer, au
» milieu des ruines , le maintien de la foi donnée.

» Nos moyens de libération sont consacrés par
» la loi du 23 septembre 1814 , et nous paroissent
» devoir être communs à *tous* les créanciers de
» l'État... »

Et plus bas, ce Ministre ajoute : » Il est un
» principe incontestable ; c'est que l'État doit à
» ses créanciers le paiement *intégral* ; et ce prin-
» cipe n'est pas seulement dans la morale d'un
» Gouvernement ; il est aussi dans son intérêt ;
» car , la fidélité dans les engagemens produit la
» confiance, et la confiance est la base du crédit
» public. »

Pour décider la question , il suffit d'examiner
si la loi des finances de 1814 a considéré les créances de 1809 et années antérieures, comme défini-
tivement réglées par celle du 20 mars 1813 , ou
si , les sauvant de la banqueroute qu'on alloit leur
faire subir, elle les a regardées comme non éteintes,
et les a comprises dans l'arriéré exigible , pour les
faire participer , avec toutes les autres créances ,
au mode de paiement nouvellement établi.

Or, la volonté du législateur à cet égard est manifeste.

Elle l'est, par l'article 21 que nous venons de citer, qui comprend nominativement dans l'arriéré *les créances de 1809 et des années antérieures.* Sa rédaction claire et précise n'est pas susceptible de deux interprétations.

Elle l'est, parce que dans le tableau annexé au projet de loi sous le N°. 14, destiné à présenter l'arriéré géuéral, deux colonnes y furent ouvertes; l'une, portant le titre d'*arriéré non exigible auquel il a été pourvu*, et l'autre, celui d'*arriéré exigible à rembourser*. Les créances de 1809 et antérieures ne figurant point dans la première de ces deux colonnes, il est évident quelles sont comprises dans la seconde.

Elle l'est, parce que la loi du 20 mars 1813 n'avoit ouvert qu'un crédit d'un million de rentes, pour payer un capital de près de 40 millions, et que l'ancien Gouvernement se proposoit de suppléer à cette insuffisance, en demandant un nouveau crédit dont la loi des Finances de 1814 n'a pas cru devoir s'occuper, puisqu'elle avoit admis *indistinctement* toutes les créances de l'arriéré à un même mode de paiement.

8

Elle est enfin manifeste, cette volonté du légis-lateur, puisque la loi du 20 mars 1813, en même temps qu'elle ouvroit un crédit d'un million de rentes pour payer les créances de 1809, affectoit, à l'amortissement de cette rente, un capital à prendre sur la vente des biens communaux, et que ce capital a reçu une autre destination par votre loi des Finances de 1814, qui affecte tout le prix des biens communaux au rachat des bons royaux.

Cependant, si vous admettiez la supposition faite par M. le Comte de Corvetto, que votre loi du 23 septembre 1814 a maintenu *tacitement* le mode de paiement en rentes des créances de 1809 et années antérieures, il en résulteroit que cette loi ne se seroit pas contentée de consacrer, à notre égard, l'injustice décrétée par l'ancien Gouvernement le 20 mars 1813, mais qu'elle auroit encore renchéri sur cette injustice, et empiré notre condition, en nous dépouillant du capital d'amortissement destiné à empêcher la dépréciation des rentes que l'on devoit nous donner en paiement.

Quel est celui de vous, *Messieurs*, qui admettra une pareille supposition ? Quel est celui qui croira que le Gouvernement de *Louis XVIII*, si essentiellement paternel et réparateur, ait voulu être moins juste, à notre égard, que celui qui violoit impunément tous ses sermens, toutes ses promesses ?

En nous résumant , il résulte évidemment des dispositions textuelles de la loi des Finances de 1814 , de son économie générale, des détails que M. le Baron Louis vous donna lui-même sur les erremens que les Ministres avoient suivi dans la composition de leurs arriérés , et des tableaux annexés à cette loi; il résulte, disons-nous, que les créanciers de 1809 et années antéricures, qui n'avoient pas encore reçu leur paiement lors de la publication de la loi de 1814 , devoient être confondus avec tous les créanciers de l'arriéré *indistinctement* , et appelés à participer avec eux à un même mode de libération.

M. le Comte de Corvetto ne contredit pas ouvertement cette vérité; il se borne à dire, dans son rapport au Roi, » *que tout ce qui reste dû sur les* » *créances de 1809 et années antérieures ayant* » *été réglé par la loi du 20 mars 1813 , doit être* » *inscrit sur le Grand-Livre ; que ce principe a* » *constamment reçu son application dans le mode* » *d'exécution de la loi des Finances de 1814.*

Vous remarquerez , Messieurs, que ce Ministre ne s'appuië que sur le mode qu'on a cru devoir suivre dans l'exécution de la loi; et qu'il ne parle nullement des dispositions textuelles de cette loi. Par ce silence, il reconnoît implicitement que ses dispositions sont contraires à son systême, car il n'auroit pas manqué de les invoquer, si elles lui avoient été favorables.

Mais qu'importeroit même que le Ministre des Finances eût dérogé au texte de la loi de 1814, dans l'application qu'il en auroit faite aux créanciers de l'arriéré? Une pareille erreur pourroit-elle faire autorité à notre détriment?

Dans le fait, il n'existe aucune décision officielle à cet égard; et si quelques difficultés furent élevées sur le sort des créanciers de 1809, rien encore n'avoit été statué lors de l'invasion de l'usurpateur, et nous avons lieu de croire que M. le Baron Louis se seroit rendu à l'évidence de nos droits, et n'auroit pas voulu méconnoître les nobles principes qu'il avoit suivis dans la rédaction de son projet de loi.

Les sentimens de ce Ministre n'étoient pas équivoques, lorsqu'il disoit au Roi : « *Si* Votre » Majesté *ne considéroit que la facilité de ses* » *finances, sans égard pour les droits et les con-* » *venances des créanciers, elle pourroit demander* » *un crédit de quarante millions de rentes, et con-*

» traindre les créanciers de l'État à se contenter
» de ce mode de paiement; mais Votre Majesté *ne*
» *veut faire éprouver à* aucun *des créanciers ni*
» *réduction, ni contrainte ; elle ne veut leur offrir*
» *des rentes sur le grand-livre, que comme un*
» *paiement* falcutatif *et nullement* obligatoire. »

Quant à vous, *Messieurs les Députés*, placés
entre la loi désastreuse du 20 mars 1815, et la loi
toute paternelle du 23 septembre 1814, vous n'hé-
siterez pas à prononcer. La noble délicatesse qui
a dicté les dispositions de cette dernière loi, ne
peut qu'être appréciée par vous, comme elle le
fut par vos prédécesseurs. Son système embrasse
l'avenir et le passé ; il répare toute injustice *non
consommée ;* il nous réhabilite, aux yeux de
l'*Europe,* de nos nombreuses banqueroutes ; il est
digne de la France et de son Roi.

Vous ne permettrez pas, Messieurs, que la
Nation se montre aujourd'hui moins scrupuleuse
qu'elle le fut l'année dernière ; ses malheurs ont
pu l'abattre, mais ne l'ont pas deshonorée ; et ce
n'est pas tant qu'elle sera aussi dignement repré-
sentée, que nous devons craindre qu'elle fasse un
pas retrograde dans la voie de l'honneur et de
la fidélité aux engagemens publics.

C'est donc avec une confiance entière et respectueuse, que les créanciers de l'État, des années 1809 et antérieures, réclament les droits que leur assuroit votre loi du 23 septembre 1814, en appelant tous les créanciers de l'arriéré *indistinctement* à participer à un même mode de paiement.

janvier 1816.

DE L'IMPRIMERIE D'ÉVERAT, RUE DU CADRAN, N°. 16.